광화문으로 간

바다 학교 친구들

글·그림 **김린아**

창조와 지식

작가소개

저는 강상초등학교 3학년 4반 김린아입니다.

3학년이 되면서 역사와 수학이 좋아졌어요.

앞으로 더 알아갈 거예요. 그리고 합기도도 시작했어요.

저의 장점은 무엇이든지 열심히 최선을 다하는 것이에요.

단점은 정리정돈을 잘 못 해요. ㅠㅠ

저의 취미는 운동, 만들기, 요리, 독서에요.

그중에서 좋아하는 것은 운동이에요.

제가 하는 운동 중에는 인라인, 축구, 스케이트보드, 합기도 등이 있어요 .

그리고 요리는 쿠키를 많이 만들어요.

요즘은 푸드테라피도 하고 있어요.

또 만들기는 보드게임과 푸쉬팝(팝잇)을 만들고 있어요.

책소개

제가 쓴 '광화문으로 소풍 간 바다 학교 친구들'은 바닷 속 친구들이

육지의 광화문으로 소풍 가는 내용입니다.

그리고 등장인물 중 오징어 칩을 집중해서 봐주세요~ 또 스쿨버스가 잠수함으로~

잠수함이 스쿨버스로의 변신도 기대해 주세요.

또한 바닷속 친구들이 육지로 올라갔을 때 물이 필요합니다.

어떤 방법으로 소풍을 하러 갔을까요? 책을 보면 알 수 있어요.

그러면 '광화문으로 소풍 간 바다 학교 친구들' 많이 사랑해 주세요.

등장인물 소개

오징어칩 **개구쟁이**

오렌지 **귀요미**

거북이 **반장**

꽃게 **버스 기사님**

문어 **선생님**

트윙클 **반짝반짝**

하트 **사랑스러움**

고래밥 **키크니**

오늘은 바다 학교 친구들이
광화문으로 소풍가는 날입니다

문어선생님

" 오늘은 우리 모두 육지로 나갈 거에요 "

꽃게

바다 학교 친구들~
잠수함 스쿨버스에 한 명씩 천천히 타세요

바다 학교 잠수함은
육지로 올라갈 때 버스로 변신을 해요

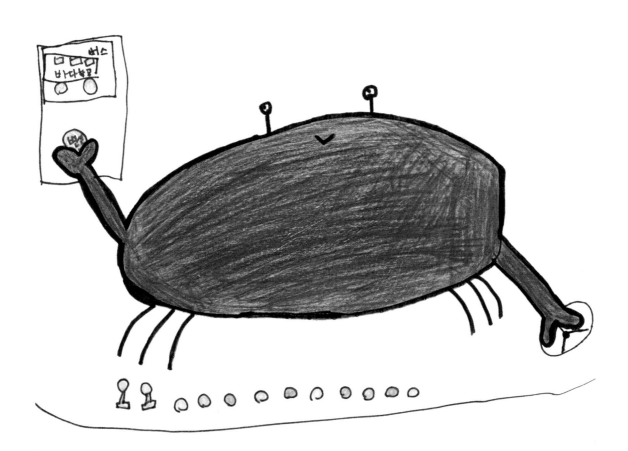

모래사장을 지나고

도심을 지나

광화문에 도착했어요

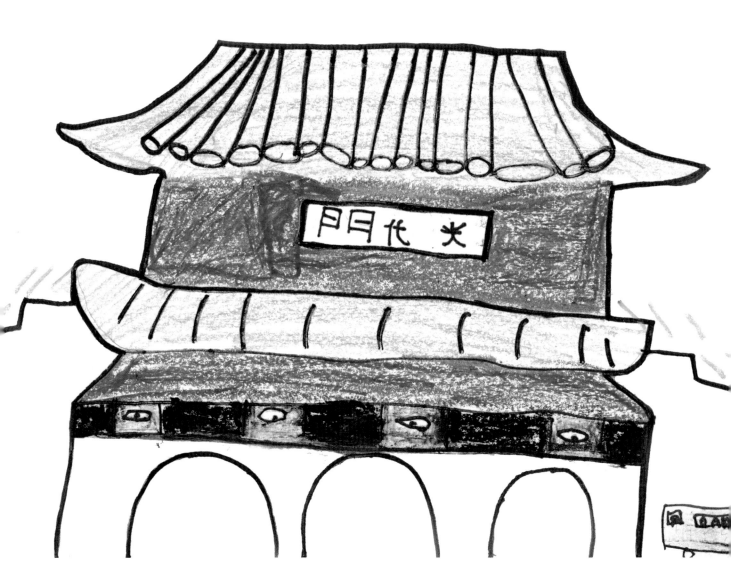

광화문은 1395년 세워진 경복궁의 정문이래요

문어 선생님과 바다 학교 친구들은
광화문 안을 둘러보았어요

오징어칩

엇? 저게 뭐지

오징어칩

어? 친구들이 다 어디로 갔지?

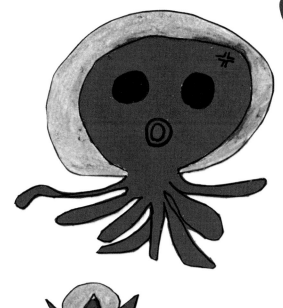

여러분 짝꿍과 함께
두명씩 줄을 서 보세요

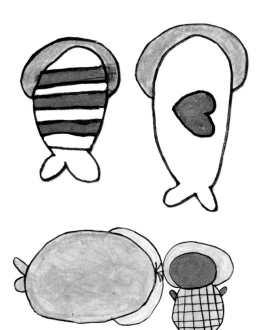

트윙클

선생님! 오징어칩이 사라졌어요

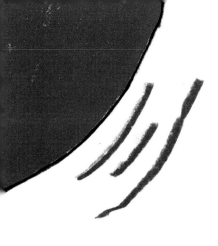

바다 학교 오징어칩군은
지금 바로 정문으로 오세요!
선생님과 친구들이 기다리고 있습니다

오징어칩

아! 정문으로 빨리 가야겠다!

길을 잃었던 오징어칩군은
바다 학교 선생님과 친구들을 다시 만났어요

문어선생님

오징어칩! 이쪽으로 오세요
혼자 다니면 위험해요

바다로 돌아가는 길

바다 학교 친구들은 버스에서
맛있는 떡볶이를 먹었어요

도심을 지나고

모래사장을 지나

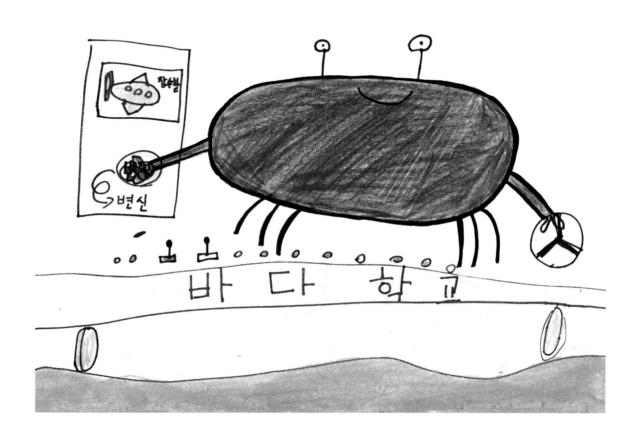

자, 이제 잠수함으로 변신할 때에요
바다 학교 스쿨버스 잠수함으로 변신!

광화문 소풍을 마친
바다 학교 친구들이
안전하게 학교로 돌아왔어요

바다 학교 친구들은
엄마와 함께 집으로 돌아갔어요

오징어칩의 일기

나는	오	늘	길	을
일층	었다.	다	행	히
방	송	이	있	어	서
친	구	들	을	다	시
만	날	수	있	었	다.

하트 ♡의♡일기

잠수함

오	늘	은		스	쿨	버	스
를		탈	때		잠	수	함
이		버	스	로		변	신
하	는	게		신	기	했	다
♡	♡	♡	♡	♡	♡	♡	♡

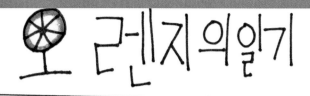

오렌지의 일기

오	늘	소	풍	가	는		차
안	에	서		하	트	랑	
손	가	락	찍	기		놀	이
를		했	다		재	미	있
었	다	.	﹀		﹀	～	～
			﹀				

꼬북이의 일기

나	는		오	늘		분	식
집	에	서		김	밥	과	떡
볶	이	를		먹	었	다	.
정	말		맛	있	었	다	

김밥   핫도그   떡볶이   어묵   라면   떡볶이   핫도그   김밥

고래밥의 일기

門化光

오	늘		나	는		친	구
들	과		광	화	문	에	
처	음	으	로		갔	다	.
정	말		신	기	했	고	
재	밌	었	다		^	^	

트윙클의 일기

오	늘	은		광	화	문	에
서		오	징	어	칩	을	
잃	어	버	렸	다	.		너	무
깜	짝		놀	랐	다	.	다
행	히		찾	았	다	.	♡

광화문으로 간
바다 학교 친구들

초판 인쇄 2021년 6월 21일
초판 발행 2021년 6월 28일

글·그림 김린아
출판기획 동화스퀘어
편집장 박하루
디자인 김송이
이메일 haru@harulab.com

발행처 창조와지식
출판등록 제2015-000037호
주소 서울시 강북구 덕릉로 144

ISBN 979-11-6003-319-9 (77800)

동화스퀘어는 (주)하루랩의 창작 동화 브랜드 입니다